VORWORT

In dieser liebevoll gestalteten Rezeptsammlung finden Sie über 40 Rezepte die das Likörliebhaberherz bestimmt höher schlagen lässt.

Die Rezepte sind querbeet vom fruchtigen Erdbeerlimes, der sich ideal für heiße Sommertage eignet, bis hin zum Weihnachtslikör mit feiner Zimtnote.

Für jede Jahreszeit und jeden Anlass finden Sie die passenden Rezepte. Auch liebevoll verpackt als Mitbringsel kommen diese Liköre immer gut an.

Viel Spaß beim Mixen wünscht

Corinna Wild

INHALT

REZEPTÜBERSICHT

Tipps & Tricks 4

Eierlikör Grundrezept 7
Eierlikör "Große Menge" 7
Eierlikör mit Kondensmilch 8
Eierlikör mit 43er 8
Eierlikör mit Rum/Amaretto 9
Eierlikör mit weißer Schokolade 9
Schokolikör mit Amaretto 11
Schokolikör mit Korn 11
Divalikör 13
Nuss-Nougat-Likör 13
Kokoskugellikör 15
Weißer Schokolikör 15
Toffee-Karamell-Likör 16
White-Kiss-Likör 17
Whisky-Sahne-Likör 18
Mini-Gebäckkugel-Likör 19
Schokoriegellikör mit Ei 21
Schokoriegellikör ohne Ei 21
Pfefferminzlikör 22
Doppelkekslikör 23
Kaffee-Latte-Likör 24
Kaffee-Zimt-Likör 25
Mandel-Likör 26

Waldmeister-Buttermilch-Likör.... 27
Mangolimes 28
Bananenlikör 29
Mango-Buttermilch-Likör.......... 30
Tussi-Likör.......... 31
Himbeerlimes 33
Erdbeerlimes.......... 33
Kirsch-Sahne-Likör.......... 35
Einhorn-Glitzer-Likör 35
Waldfrucht-Likör 36
Kräuterlikör.......... 37
Take 2-Likör 38
Blaues Gletscherwasser.......... 39
Drachenblut-Likör 40
Vanille-Aperol-Likör 41

Weihnachtliche Liköre:
Marzipan-Likör 42
Vanille-Zimt-Likör.......... 43
Glühwein-Likör.......... 45
Bratapfel-Likör.......... 45
Vanillekipferl-Likör 46
Spekulatius-Likör.......... 47
Weißer Lebkuchen-Likör.......... 47

Notizen.......... 48

TIPPS & TRICKS

EIER...

Die Eier, die Sie für Liköre verwenden, sollten immer sehr frisch sein. Bitte Legedatum beachten. Für die Rezepte wurden immer Eier der Größe M verwendet.

FLASCHEN...

Die Flaschen für die Liköre sollten immer sauber sein und vor dem Einfüllen mit sehr heißem Wasser ausgespült werden. Bitte auch den Verschluss heiß abbrausen!

Die Flaschen nie ganz füllen, damit man noch gut schütteln kann.

TIPP...

Sollte ein Likör dennoch zu dick geworden sein, einfach 2-3 EL Alkohol (Korn, Rum, Wodka) zugeben und noch einmal in der Flasche schütteln.

HALTBARKEIT...

Die Liköre sollten immer im Kühlschrank aufbewahrt werden! Generell gelten folgende Lagerzeiten:

Creme-/Eier-/Sahneliköre:	max. 4 Wochen
Fruchtliköre mit frischem Obst:	4-6 Wochen
Bonbonliköre:	6-12 Monate

CREMIGER...

Wenn Sie einen Likör mit Sahne oder Milch etwas cremiger möchten, können Sie 1-2 Eigelb zugeben oder 1 ganzes Ei. Der Likör sollte dann auf 70°C erhitzt werden.

HINWEIS...

Sofort nach der Herstellung schmecken die Liköre oft "zu stark". Bitte über Nacht im Kühlschrank durchziehen lassen, dann ist das Ergebnis genau richtig.

ABSETZEN...

Bei manchen Likören kann es sein, dass sich z.B. Gewürze oder bestimmte Flüssigkeiten absetzen. Die Flasche dann vor dem Ausgießen gut schütteln. Sollte ein Likör "flockig" sein ist er nicht mehr genießbar.

EIER-LIKÖRE

Die Eierliköre verändern ihre Konsistenz erst nach der Kühlung. Also nicht wundern, wenn diese warm noch zu flüssig ist. Statt Weizenkorn können Sie auch Wodka verwenden.

MIT GANZEN EIERN!

EIER-LIKÖR GRUNDREZEPT

880 ML

ZUTATEN

5	Eier
250 g	Zucker
30 g	Vanillezucker, selbstgemacht
200 g	Sahne
350 g	Weizenkorn

ZUBEREITUNG

Eier, Zucker, Vanillezucker und Sahne in den Mixtopf geben und **6 Min./70°C/Stufe 4** erhitzen.

Danach Korn zugeben und **10 Sek./Stufe 4** unterrühren.

EIER-LIKÖR GROẞE MENGE

ZUTATEN

9	Eier
450 g	Zucker
50 g	Vanillezucker, selbstgemacht
500 g	Sahne
750 g	Weizenkorn

ZUBEREITUNG

Eier, Zucker, Vanillezucker und Sahne in den Mixtopf geben und **10 Min./70°C/Stufe 4** erhitzen.

Danach Korn zugeben und **10 Sek./Stufe 4** unterrühren.

UNSER FAVORIT!

EIER-LIKÖR MIT KONDENSMILCH

ZUTATEN

X

6	Eigelb
250 g	Zucker
10 g	Vanillezucker, selbstgemacht
170 g	Kondensmilch (10 % Fett)
250 g	Weizenkorn

ZUBEREITUNG

Eigelb, Zucker, Vanillezucker und Kondensmilch in den Mixtopf geben und **7 Min./70°C/Stufe 4** erhitzen.

Danach Korn zugeben und **10 Sek./Stufe 4** unterrühren.

EIER-LIKÖR MIT 43ER

ZUTATEN

125 g	Zucker
1	Vanilleschote, Mark davon
5	Eier
250 g	Sahne
175 g	Milch, 1,5%
4-6 Tr.	Bittermandelaroma
350 g	Likör 43

ZUBEREITUNG

Zucker und Vanillemark im Mixtopf **10 Sek./Stufe 10** pulverisieren. Eier, Sahne, Milch und Bittermandelaroma zugeben und **7 Min./70°C/Stufe 4** erhitzen.

Danach Likör 43 zugeben und **10 Sek./Stufe 4** unterrühren.

EIER-LIKÖR MIT RUM/AMARETTO

ZUTATEN X

4	Eigelb
100 g	Zucker
1 P.	Vanillezucker
100 g	Milch, 1,5%
200 g	Sahne
150 g	Rum oder Amaretto

ZUBEREITUNG

Eigelb, Zucker, Vanillezucker, Milch und Sahne in den Mixtopf geben und **6 Min./70°C/Stufe 4** erhitzen.

Danach Rum/Amaretto zugeben und **10 Sek./Stufe 4** unterrühren.

EIER-LIKÖR MIT WEIßER SCHOKOLADE

ZUTATEN

100 g	weiße Schokolade
8	Eigelb
400 g	Sahne
1	Vanilleschote, Mark davon
175 g	Zucker
200 g	Wodka

ZUBEREITUNG

Schokolade in Stücken in den Mixtopf geben und **8 Sek./Stufe 7** zerkleinern.

Eigelb, Sahne, Vanillemark und Zucker zugeben und **8 Min./70°C/Stufe 4** erhitzen.

Wodka zugeben und **10 Sek./Stufe 4** unterrühren.

SCHOKO-LIKÖR

2 VARIANTEN FÜR SCHOKOLIKÖR

MIT AMARETTO

850 ML

MIT KORN

1300 ML

SCHOKO-LIKÖR-MIT AMARETTO

ZUTATEN

80 g	Zartbitterschokolade, in Stücken
100 g	Zucker
1	Ei
400 g	Sahne
100 g	Milch, 1,5%
120 g	Amaretto

ZUBEREITUNG

Schokolade in den Mixtopf geben und **5 Sek./Stufe 7** zerkleinern.

Zucker, Ei, Sahne und Milch zugeben und **6 Min./70°C/Stufe 4** rühren.

Amaretto zugeben und **10 Sek./Stufe 4** unterrühren.

SCHOKO-LIKÖR-MIT KORN

ZUTATEN

200 g	Zartbitterschokolade, mind. 70% Kakaoanteil, in Stücken
300 g	Milch, 1,5%
2	Eier
200 g	Zucker
1 EL	Vanillezucker, selbstgemacht
300 g	Weizenkorn
200 g	Sahne

ZUBEREITUNG

Schokolade in den Mixtopf geben und **8 Sek./Stufe 7** zerkleinern.

Milch, Eier, Zucker und Vanillezucker zugeben und **6 Min./70°C/Stufe 4** rühren.

Nun nochmal **3 Min./70°C/Stufe 3** einstellen und dabei die Sahne und den Korn langsam durch die Deckelöffnung zugeben.

DIVA-LIKÖR

NUSS-NOUGAT-LIKÖR

DIVA-LIKÖR

ZUTATEN

x

4	Schokoriegel (à 50 g) s. Bild Mars/Snickers
2	Eigelb
400 g	Sahne
200 g	Milch, 1,5%
100 g	Wodka
1 Msp.	Zimt

ZUBEREITUNG

Riegel in Stücken in den Mixtopf geben und **8 Sek./Stufe 7** zerkleinern.

Eigelb, Sahne und Milch zugeben und **8 Min./70°C/Stufe 4** erhitzen.

Danach Wodka und Zimt zugeben und **20 Sek./Stufe 8** pürieren. Durch ein feines Sieb gießen und in Flaschen abfüllen.

NUSS-NOUGAT-LIKÖR

ZUTATEN

x

250 g	Sahne
1 P.	lösliches Espressopulver (1,8 g)
120 g	brauner Zucker
½	Vanilleschote, Mark davon
1 Msp.	Zimt
400 g	Nuss-Nougat-Creme (z.B. Nutella)
600 g	Wodka

ZUBEREITUNG

Alle Zutaten außer Wodka in den Mixtopf geben und **7 Min./80°C/Stufe 4** erhitzen.

Wodka zugeben und **10 Sek./Stufe 3.5** mischen.

KOKOS-KUGEL-LIKÖR

825 ML

WEISSER SCHOKO-LIKÖR

450 ML

Kleine Menge! Rezept kann aber verdoppelt werden!

TIPP:
Der Kokos-Kugel-Likör schmeckt auch sehr gut auf Eis!

KOKOS-KUGEL-LIKÖR

ZUTATEN

12	Kokos-Konfekt-Kugeln (120 g)
20 g	weiße Schokolade
50 g	Zucker
350 g	Sahne
200 g	Milch, 1,5%
100 g	Wodka

ZUBEREITUNG

Kokos-Kugeln ohne Folie für 2-3 Std. einfrieren. Gefrorene Kugeln und Schokolade in den Mixtopf geben und **10 Sek./Stufe 8** zerkleinern.

Zucker, Sahne und Milch zugeben und **7 Min./80°C/Stufe 4** erhitzen. Wodka zugeben und **20 Sek./Stufe 8** pürieren. Durch ein feines Sieb gießen und in Flaschen abfüllen.

WEISSER SCHOKO-LIKÖR

ZUTATEN

50 g	weiße Schokolade
40 g	Zucker
½	Vanilleschote, Mark davon
100 g	Sahne
100 g	Milch, 1,5%
1	Ei
100 g	Amaretto

ZUBEREITUNG

Schokolade in den Mixtopf geben und **8 Sek./Stufe 7** zerkleinern.

Zucker, Vanillemark, Sahne, Milch und Ei zugeben und **7 Min./70°C/Stufe 4** erhitzen. Amaretto zugeben und **20 Sek./Stufe 8** pürieren.

TIPP: Statt Amaretto können Sie auch Korn nehmen und etwas Bittermandelaroma zugeben.

TOFFEE-KARAMELL-LIKÖR

ZUTATEN

30 g	Zucker
8 Stk.	Schoko-Karamell-Haselnuss-Halbkugeln (65 g)
1	Ei
100 g	Sahne
150 g	Milch, 1,5%
125 g	Wodka

ZUBEREITUNG

Zucker und Karamell-Halbkugeln im Mixtopf **10 Sek./Stufe 10** zerkleinern. Masse mit dem Spatel vom Mixtopfboden lösen.

Ei, Sahne und Milch dazugeben und **5 Min./70°C/Stufe 3** erhitzen.

Wodka zugeben und **10 Sek./Stufe 4** unterrühren. Likör durch ein Sieb gießen und in Flaschen abfüllen.

WHITE-KISS-LIKÖR

ZUTATEN

15 Stk.	weiße Nuss-Pralinen
150 g	Milch, 1,5%
250 g	Sahne
50 g	Zucker
250 g	Wodka

ZUBEREITUNG

Nuss-Pralinen ohne Papier mind. 1 Std. einfrieren. Danach im Mixtopf **7 Sek./Stufe 9** zerkleinern.

Milch, Sahne und Zucker zugeben und **5 Min./90°C/Stufe 3** erhitzen.

Wodka zugeben und **10 Sek./Stufe 4** mischen. Durch ein Sieb gießen und in Flaschen abfüllen.

TIPP:

Auch lecker mit dunklen Nuss-Pralinen! Vollmilch oder Zartbitter.

WHISKY-SAHNE-LIKÖR

ZUTATEN

200 g Sahne
1 TL lösliches Kaffeepulver
1 TL Kakaopulver, gehäuft
1 Vanilleschote, Mark davon
1 Dose gesüßte Kondensmilch (400 g)
150 g Whisky, irischer

750 ML

ZUBEREITUNG

Alle Zutaten (außer Whisky) in dem Mixtopf geben und **8 Min./80°C/Stufe 3** erhitzen. Whisky zugeben und **10 Sek./Stufe 4** unterrühren.

MINI-GEBÄCK-KUGEL-LIKÖR

ZUBEREITUNG

Kugeln im Mixtopf **10 Sek./Stufe 10** zerkleinern. Masse mit dem Spatel vom Mixtopfboden lösen.

Restliche Zutaten (außer Wodka) zugeben und **7 Min./70°C/Stufe 4** erhitzen.

Wodka zugeben und **10 Sek./Stufe 4** unterrühren. Likör durch ein Sieb gießen und in Flaschen abfüllen.

1000 ML

ZUTATEN

110 g	Mini-Gebäck-Kugeln (3 P. á 9 Stück)
2	Eigelb
20 g	selbstgemachter Vanillezucker
100 g	Zucker
160 g	Kondensmilch (10 % Fett)
190 g	Milch, 1,5%
200 g	Sahne
250 g	Wodka

SCHOKO-RIEGEL-LIKÖR

Bei manchen Likören bildet sich etwas Schaum. Dieser verschwindet jedoch nach einer Zeit.

Wer möchte, kann noch 1 TL Kakaopulver dazugeben.

Wenn Sie Riegel verwenden, die Nüsse enthalten, sollte der Likör durch ein feines Sieb abgefüllt werden.

VARIANTE MIT EI

GRÖSSERE MENGE

1700 ML

ZUTATEN

200 g	Schokolade-Riegel nach Wahl
600 g	Milch, 1,5%
400 g	Sahne
100 g	Zucker
10 g	selbstgemachter Vanillezucker
2	Eier
300 g	Wodka / weißer Rum oder Weizenkorn

ZUBEREITUNG

Schokoriegel in den Mixtopf geben und **5 Sek./Stufe 8** zerkleinern.

Milch, Sahne, Zucker, Vanillezucker und Eier zugeben und **7 Min./70°C/Stufe 4** erhitzen.

Wodka zugeben und **10 Sek./Stufe 3,5** unterrühren.

VARIANTE O. EI

KLEINERE MENGE

900 ML

ZUTATEN

150 g	Schokoriegel
300 g	Milch, 1,5%
200 g	Sahne
50 g	Zucker
150 g	Wodka / weißer Rum oder Weizenkorn

ZUBEREITUNG

Schokoriegel in den Mixtopf geben und **5 Sek./Stufe 8** zerkleinern.

Milch, Sahne und Zucker zugeben und **6 Min./70°C/Stufe 4** erhitzen.

Wodka zugeben und **10 Sek./Stufe 3,5** unterrühren.

PFEFFER-MINZ-LIKÖR

ZUTATEN

200 g	Pfefferminz-Creme-Konfekt (z.B. After Eight)
50 g	Puderzucker
200 g	Sahne
400 g	Wodka

850 ML

ZUBEREITUNG

Pfefferminz-Konfekt im Mixtopf **5 Sek./Stufe 5** zerkleinern und mit dem Spatel vom Mixtopfboden lösen.

Puderzucker und Sahne zugeben und **5 Min./80°C/Stufe 3** erhitzen.

Wodka zugeben und **10 Sek./Stufe 4** unterrühren.

DOPPEL-KEKS-LIKÖR

ZUBEREITUNG

Kekse im Mixtopf **10 Sek./Stufe 8** zerkleinern. Vanillezucker, Sahne und Milch zugeben und **6 Min./80°C/Stufe 4** erhitzen.

Rum zugeben und **10 Sek./Stufe 4** unterrühren.

715 ML

ZUTATEN

12	Schoko-Doppel-Kekse mit Vanillecreme
10 g	Vanillezucker, selbstgemacht
200 g	Sahne
200 g	Milch, 1,5%
200 g	weißer Rum, 37,5%

KAFFEE-LATTE-LIKÖR

ZUBEREITUNG

Zucker und Vanilleschote im Mixtopf **10 Sek./Stufe 10** pulverisieren.

Eigelb, Espresso und Kondensmilch zugeben und **6 Min./70°C/Stufe 4** erhitzen.

Weinbrand zugeben und **10 Sek./Stufe 4** unterrühren.

ZUTATEN

150 g	Zucker
1/4	Vanilleschote
4	Eigelb
50 g	frisch gebrühter Espresso
250 g	Kondensmilch, 10%
250 g	Weinbrand

KAFFEE-ZIMT-LIKÖR

ZUBEREITUNG

Kandiszucker in den Mixtopf geben und **15 Sek./Stufe 10** zerkleinern.

Wasser, Zimtstangen und Vanillearoma zugeben und **20 Min./100°C/Stufe 1** einkochen. Dabei den Messbecher nicht einsetzen, sondern den Gareinsatz als Spritzschutz oben auf den Mixtopfdeckel stellen.

Danach Zimtstangen entfernen, Kaffee und Wodka zugeben und **10 Sek./Stufe 3** unterrühren.

ZUTATEN

250 g	brauner Kandiszucker
500 g	Wasser
2	Zimtstangen
2 TL	Vanillearoma
270 g	starken Kaffee
450 g	Wodka

1400 ML

MANDEL-
LIKÖR

ZUTATEN

150 g brauner Zucker
½ Vanilleschote
150 g ganze Mandeln
100 g Wasser
500 g Mandelmilch (z.B. von Alpro Soya)
250 g Sahne
250 g brauner Rum

ZUBEREITUNG

Zucker und Vanilleschote **10 Sek./Stufe 10** pulverisieren. Mandeln zugeben und **5 Sek./Stufe 6** hacken. Wasser zugeben und **2 Min./Varoma/Stufe 1** erhitzen. Mandelmilch zugeben und **10 Min./90°C/Stufe 2** kochen.

Sahne zugeben und **5 Min./80°C/Stufe 2** erhitzen. Rum zugeben und **10 Sek./Stufe 4** vermengen. Umfüllen und über Nacht ziehen lassen. Dann absieben und in Flaschen abfüllen.

WALDMEISTER-BUTTERMILCH-LIKÖR

840 ML

ZUTATEN

300 g	Buttermilch
250 g	Waldmeistersirup
200 g	Sahne
1 P.	Vanillezucker
150 g	Wodka

ZUBEREITUNG

Buttermilch, Waldmeistersirup, Sahne und Vanillezucker im Mixtopf **7 Min./80°C/Stufe 4** erhitzen.

Wodka zugeben und **10 Sek./Stufe 4** unterrühren.

MANGO-LIMES

EISGEKÜHLT BESONDERS LECKER!

ZUTATEN

480-500 g	reifes Mangofruchtfleisch, in Stücken (2-3 Mangos)
1	Zitrone, Saft davon (70 g)
1	Orange, Saft davon (125 g)
120 g	Wasser
100 g	Rohrohrzucker
250 g	Wodka (oder weißer Rum, 37,5%)

1000 ML

ZUBEREITUNG

Mango in den Mixtopf geben und **5 Sek./Stufe 5** zerkleinern. Zitronensaft, Orangensaft, Wasser und Zucker zugeben und **6 Min./80°C/Stufe 4** erhitzen. Wodka zugeben und **10 Sek./Stufe 8** pürieren.

ALLES BANANE?

BANANEN-LIKÖR

800 ML

ZUTATEN

80 g	Zucker
20 g	selbstgemachter Vanillezucker
2	Eigelb
300 g	Bananennektar
50 g	Milch, 1,5%
200 g	Sahne
150 g	weißer Rum, 37,5%

ZUBEREITUNG

Alle Zutaten (außer Rum) in den Mixtopf geben und **6-7 Min./70°C/Stufe 4** erhitzen. Rum zugeben und **10 Sek./Stufe 4** unterrühren.

MANGO-BUTTERMILCH-LIKÖR

ZUTATEN

200	Mangosirup
1 P.	Vanillezucker
200 g	Sahne
300 g	Buttermilch mit Mangogeschmack
110 g	weißer Rum, 37,5%

800 ML

ZUBEREITUNG

Mangosirup, Vanillezucker, Sahne und Buttermilch (vorher geschüttelt) in den Mixtopf geben und **6 Min./90°C/Stufe 2** erhitzen.

Rum zugeben und **10 Sek./Stufe 4** unterrühren.

TUSSI-LIKÖR

ZUM SOFORT TRINKEN

ZUTATEN

500 g	Maracujanektar
60 g	Zucker
125 g	Wodka
25 g	Weinbrand
100 g	Sahne
175 g	Joghurt (Pfirsich-Maracuja-Geschmack)

TIPP:
Ersetzen Sie Maracujanektar durch Mango und verwenden Sie Mango-Joghurt.

1000 ML

ZUBEREITUNG

Alle Zutaten in den Mixtopf geben und **20 Sek./Stufe 8** pürieren. Fertig!

HINWEIS:
Nach kurzer Zeit setzt sich der Joghurt ab. Einfach gut schütteln vor dem Verzehr!

HIMBEER-LIMES

ERDBEER-LIMES

TIPP:
Schmeckt im Sommer auch sehr lecker mit Prosecco aufgegossen!

1000 ML

1250 ML

GUT GEKÜHLT GENIEßEN!

HIMBEER-LIMES

ZUTATEN

500 g	Himbeeren
150 g	Zucker
250 g	Wasser
30 g	Zitronensaft (Direktsaft)
275 g	Wodka

ZUBEREITUNG

Himbeeren und Zucker in den Mixtopf geben und **5 Sek./Stufe 5** zerkleinern.

Wasser und Zitronensaft zugeben und **6 Min./80°C/Stufe 4** erhitzen.

Wodka zugeben und **10 Sek./Stufe 4** mischen. Durch ein Sieb gießen (damit die Kerne entfernt werden) und in Flaschen abfüllen.

HINWEIS:
Wenn Sie gefrorene Früchte verwenden, beim Zerkleinern auf **Stufe 8** hochstellen!

ERDBEER-LIMES

ZUTATEN

500 g	Erdbeeren
160 g	Zucker
25 g	selbstgemachter Vanillezucker
170 g	Wasser
100 g	Zitronensaft (Direktsaft)
350 g	Wodka

ZUBEREITUNG

Erdbeeren, Zucker und Vanillezucker in den Mixtopf geben und **5 Sek./Stufe 5** zerkleinern.

Wasser und Zitronensaft zugeben und **6 Min./80°C/Stufe 4** erhitzen.

Wodka zugeben und **20 Sek./Stufe 3.5** mischen. Limes erst abkühlen lassen und dann in Flaschen abfüllen. (Damit der Schaum verschwindet).

KIRSCH-SAHNE-LIKÖR

EINHORN-GLITZER-LIKÖR

900 ML

1100 ML

*Glitzerpulver finden Sie im Supermarkt beim Backzubehör. Es wird meistens in einem kleinen Glas angeboten.

KIRSCH-SAHNE-LIKÖR

125 g	Kirschsaft
225 g	Kirschsirup
400 g	Sahne
20 g	Vanillezucker, selbstgemacht
150 g	weißer Rum, 37,5%

ZUBEREITUNG

Alle Zutaten (außer Rum) in den Mixtopf geben und **6 Min./80°C/Stufe 4** erhitzen.

Rum zugeben und **10 Sek./Stufe 4** unterrühren.

HINWEIS:

Falls sich durch das Kaltstellen im Kühlschrank die Sahne abgesetzt hat, einfach vor Verzehr nochmals gut schütteln für eine gleichmäßig cremige Konsistenz!

EINHORN-GLITZER-LIKÖR

ZUTATEN

400 g	Himbeeren
100 g	Heidelbeeren
150 g	Zucker
½	Vanilleschote, Mark davon
350 g	Wasser
250 g	Weizenkorn
2 TL	Glitzerpulver*

ZUBEREITUNG

Himbeeren und Heidelbeeren in den Mixtopf geben und **10 Sek./Stufe 8** zerkleinern.

Zucker, Vanillemark und Wasser zugeben und **12 Min./90°C/Stufe 2** erhitzen. Danach Korn zugeben und **5 Sek./Stufe 4** unterrühren.

Durch ein feines Sieb in ein Gefäß gießen. Glitzerpulver unterrühren und in Flaschen abfüllen.

WALDFRUCHT-LIKÖR

GUT GEKÜHLT GENIEẞEN!

2310 ML

ZUTATEN

500 g	Zucker
750 g	Waldfrüchte, TK
100 g	Zitronensaft
250 g	Wasser
750 g	Wodka

ZUBEREITUNG

Zucker im Mixtopf **5 Sek./Stufe 8** pulverisieren. Gefrorene Waldfrüchte zugeben und **10 Sek./Stufe 10** zerkleinern. Mit dem Spatel etwas nach unten schieben.

Zitronensaft und Wasser zugeben und **16 Min./90°C/Stufe 2** erhitzen.

Wodka zugeben und **10 Sek./Stufe 4** unterrühren. Likör durch ein Sieb gießen und in Flaschen abfüllen.

KRÄUTER-LIKÖR

ZUTATEN

150 g Kräuter-Bonbons
500 g Wodka oder Weizenkorn, 32%

ZUBEREITUNG

Bonbons im Mixtopf **10 Sek./Stufe 10** zerkleinern. Mit dem Spatel nach unten schieben.

Wodka oder Korn zugeben und **6-7 Min./70°C/Stufe 3** erwärmen.

TAKE 2-LIKÖR

ZUTATEN

1 Tüte	Bonbons (240 g) (z.B. Nimm 2)
1.500 g	Multivitaminsaft
700 g	Weizenkorn, 32%

2430 ML

ZUBEREITUNG

Bonbons in den Mixtopf geben und **10 Sek./Stufe 10** zerkleinern.

Saft zugeben und **7 Min./70°C/Stufe 3** erhitzen.

Korn zugeben und **10 Sek./Stufe 4** unterrühren.

HINWEIS:
Auch mit roten Fruchtbonbons sehr lecker! Wenn Ihnen die Menge zu viel ist, können Sie das Rezept halbieren. Sollte der Saft aus der Kühlung kommen, ggf. Zeit verlängern, bis die 70°C erreicht sind.

BLAUES GLETSCHER-WASSER

ZUBEREITUNG

Bonbons und Kandiszucker in den Mixtopf geben und **10 Sek./Stufe 10** zerkleinern.

Wasser zugeben und **7 Min./70°C/Stufe 3** erhitzen.

Korn zugeben und **10 Sek./Stufe 4** unterrühren.

ZUTATEN

40	Eis-Bonbons (205 g)
10 g	Kandiszucker, weiß
150 g	Wasser
700 g	Weizenkorn, 32%

1015 ML

HINWEIS:
Für mehr „Farbe" geben Sie etwas blaue Lebensmittelfarbe dazu.

DRACHEN-BLUT-LIKÖR

ZUTATEN

200 g	schwarzer Johannis-beersirup
200 g	schwarzer Johannis-beernektar
100 g	Ahornsirup
2 TL	Zitronensaft
500 g	weißer Rum, 37,5%

ZUBEREITUNG

Alle Zutaten (außer Rum) im Mixtopf **6 Min./80°C/Stufe 2** erhitzen.

Rum zugeben und **10 Sek./Stufe 4** unterrühren.

VANILLE-APEROL-LIKÖR

750 ML

ZUTATEN

½	Granatapfel
1	Vanilleschote
50 g	Kandiszucker
75 g	Wasser
2 TL	Vanilleextrakt
550 g	Wodka
100 g	Aperol

ZUBEREITUNG

3 EL Granatapfelkerne in eine heiß ausgespülte Flasche füllen. Vanilleschote der Länge nach durchschneiden und ebenfalls in die Flasche geben.

Rest der Granatapfelkerne in den Mixtopf geben. Kandiszucker und Wasser zugeben und **3 Min./Varoma/Stufe 1** erhitzen. Vanilleextrakt, Wodka und Aperol zugeben und **1 Min./Stufe 2** rühren. Durch ein Sieb in die Flasche geben und 4 Wochen im Dunkeln ziehen lassen.

MARZIPAN-LIKÖR

1275 ML

ZUTATEN

500 g Marzipan
250 g Milch, 1,5%
200 g Sahne
250 g weißer Rum, 37,5%
100 g Likör 43

ZUBEREITUNG

Marzipan **5 Sek./Stufe 5** zerkleinern. Mit dem Spatel vom Mixtopfboden lösen.

Milch und Sahne zugeben und **6 Min./80°C/Stufe 2** erhitzen.

Rum und Likör zugeben und **10 Sek./Stufe 4** unterrühren. Likör durch ein Sieb drücken und in Flaschen abfüllen.

VANILLE-ZIMT-LIKÖR

ZUTATEN

200 g	Zucker
1	Vanilleschote
2 EL	Zimt
2 Msp.	Kardamom, gem.
300 g	Sahne
200 g	brauner Rum

ZUBEREITUNG

Zucker und Vanilleschote **15 Sek./Stufe 10** pulverisieren.

Zimt, Kardamon und Sahne zugeben und **4 Min./80°C/Stufe 3** erhitzen.

Rum zugeben und **10 Sek./Stufe 3** unterrühren.

GLÜH-WEIN-LIKÖR

BRAT-APFEL-LIKÖR

GLÜH-WEIN-LIKÖR

ZUTATEN

125 g	Zucker
1	Vanilleschote
300 g	roter Traubensaft
150 g	Rotwein, lieblich
1 TL	Orangenschalenabrieb (Bioorange)
1	Zimtstange
1 Msp.	Kardamom, gem.
1 Msp.	Piment, gem.
200 g	brauner Rum

ZUBEREITUNG

Zucker und Vanilleschote in den Mixtopf geben und **10 Sek./Stufe 10** pulverisieren.

Alle weiteren Zutaten (außer Rum) zugeben und **10 Min./100°C/Stufe 1** aufkochen. Messbecher dabei nicht aufsetzen!

Rum zugeben und **20 Sek./Stufe 1** vermengen. Durch ein Sieb in Flaschen abfüllen.

BRAT-APFEL-LIKÖR

ZUTATEN

100 g	Kandiszucker
750 g	Apfelsaft
150 g	Weißwein
1	Zimtstange
½ TL	Vanilleextrakt/-aroma
3	Nelken
2	Sternanis
230 g	Calvados
80 g	Amaretto

ZUBEREITUNG

Kandiszucker im Mixtopf **15 Sek./Stufe 10** zerkleinern. Alle restlichen Zutaten (außer Calvados und Amaretto) zugeben und **10 Min./100°C/Sanftrührstufe** aufkochen. Messbecher dabei nicht einsetzen!

Calvados und Amaretto zugeben und **20 Sek./Stufe 1** vermengen. Durch ein Sieb in Flaschen abfüllen.

VANILLE-KIPFERL-LIKÖR

ZUTATEN

80 g	Mandeln ohne Haut
40 g	Haselnüsse
20 g	Walnüsse
120 g	brauner Zucker
¼	Vanilleschote
400 g	Sahne
200 g	Wodka

750 ML

TIPP:
Nachdem Sie den Zucker mit der Vanilleschote pulverisiert haben, können Sie 1 EL beiseite nehmen und in das Röhrchen der Vanilleschote füllen und an die Flasche hängen.

ZUBEREITUNG

Mandeln und Nüsse in einer Pfanne ohne Fett leicht anrösten. Etwas abkühlen lassen. Zucker und Vanilleschote im Mixtopf **15 Sek./Stufe 10** fein mahlen. Mandeln und Nüsse zugeben und **10 Sek./Stufe 8** zerkleinern. Sahne zugeben und **4 Min./80°C/Stufe 3** erhitzen. Danach **20 Sek./Stufe 8** pürieren. Wodka zugeben und **10 Sek./Stufe 3** unterrühren.

SPEKULATIUS-LIKÖR

ZUTATEN

- 500 g Sahne
- 200 g Nuss-Nougat-Creme (z.B. Nutella)
- 3 TL Spekulatiusgewürz
- 1 TL Zimt
- 250 g Weinbrand Asbach

ZUBEREITUNG

Alle Zutaten außer Weinbrand in den Mixtopf geben und **7 Min./80°C/Stufe 4** erhitzen.

Weinbrand zugeben und **5 Sek./Stufe 4** mischen.

WEISSER LEBKUCHEN-LIKÖR

ZUTATEN

- 300 g weiße Schokolade
- 500 g Sahne
- 2 EL Lebkuchengewürz
- 1 EL Honig
- 300 g Whisky

ZUBEREITUNG

Schokolade in den Mixtopf geben und **10 Sek./Stufe 7** zerkleinern.

Sahne, Lebkuchengewürz und Honig zugeben und **7 Min./80°C/Stufe 4** erhitzen. Whisky zugeben und **20 Sek./Stufe 8** pürieren.

NOTIZEN

PLATZ FÜR EIGENE KREATIONEN